JN260909

目と耳でおぼえる

かんじ絵ずかん

1・2年生

人・うごき・ようすに かんするかんじ

監修：金田一秀穂
イラスト：山内ジョージ
文：高梁まい

もくじ

はじめに … 2

人・かぞく・体に かんするかんじ … 4
人、力、子、王、足、体、弟、頭

うごきに かんするかんじ … 12
入、引、立、回、売、走、記、数、話、歌、語、読

ようすに かんするかんじ … 24
古、強、晴、新、楽

**1年生・2年生でならう 人・うごき・ようすに かんする
かんじひょう … 29**

六耀社

はじめに

みなさんは 今 かんじを いくつくらい 読み書きすることが できますか？
小学校6年間の うちに 読み書きできるようにする かんじは 1年生で 80字。
2年生では 160字。3年生に なると 200字。4年生でも 200字。
5年生では 185字。6年生で 181字。ぜんぶで なんと 1006字！
これだけの 数の かんじを おぼえるのは 大へんそうですね。
でも 日本語を 書きあらわすときに かんじを つかえると、とても べんりですよ。
たとえば 「花」と 「鼻」という 文字は どちらも 「はな」と 読みますが、
それぞれ べつの ものを あらわしています。かんじは ひとつひとつの 文字が
いみを もっているのが とくちょうなのです。
つぎの 文を 読んでみましょう。 ちくりんで たけのこを とる。
このままでは 「ちくりん」とは なんのことか よく わかりませんね。
では この文に かんじを まぜて 書いてみましょう。 竹林で 竹の子を とる。
かんじで 書くことで 「ちくりん」は 竹の 林のことだと わかります。

この 「かんじ絵ずかん」シリーズは 目と 耳を つかって
1・2年生で ならう かんじを 楽しく おぼえようと いうものです。
まずは かんじの 形を 絵文字にして、目から おぼえられるように しました。
さらに その かんじを つかった 文を 声に 出して 読むことで、耳からも
おぼえられるように しました。同じ かんじを 何ども くりかえし 目で 見て
大きな 声で 読みましょう。ひとつひとつの かんじに きょうみが わいて、
かんじが すきに なってきますよ。
そんな お手つだいが できたら とても うれしく 思います。
さあ この本では 「人・うごき・ようす」に かんする かんじを おぼえていきましょう！

こどもくらぶ

1巻 人・うごき・ようすに かんするかんじ
2巻 自ぜん・もの・地いきに かんするかんじ
3巻 学校・大きさ・色・数字に かんするかんじ

※ 大人の方へ
このシリーズでは、「地いき」「自ぜん」「学しゃ」など、なんとなくへんな熟語が出てきます。ふつう、二字熟語の一方だけが漢字で、もう一方がひらがなというのは、見た目も美しくなく、あまり奨励されていませんが、この「目と耳でおぼえる かんじ絵ずかん 1・2年生」シリーズは、「学年配当漢字」にしたがい、2年生までに習う漢字だけをつかって表記しています。

この 本の 見かた

テーマ
いみや なりたちや 形が にている かんじを きょう通の テーマで くくっています。

文
その かんじの おんよみ・くんよみの 読みかたが 学べるように なっています。

読みかた
「おんよみ」は カタカナで 「くんよみ」は ひらがなで しめして います。くんよみの 中の（ ）の ぶ分は おくりがなです。（青色は、中学生 い上で ならう 読みかたです。）

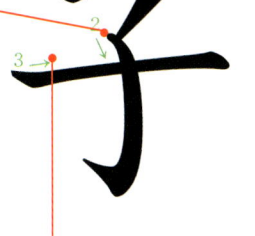

元気に ないている 子は
王子さま

人・かぞく・体

子

オンヨミ シ ス
くんよみ こ
3 画
1年生

かんじ
小学1・2年生で ならう かんじです。同じ テーマの 中では 画数が 少ない じゅんに ならんで います。

画数
この かんじを 作っている 線や 点の 数を しめして います。

ならう学年
この かんじが 教科書に はじめて 出てくる 学年です。

ひつじゅん
この かんじを 書く じゅん番を しめしています*。

絵文字
かんじの いみを りかいしやすいように かんじの 形を 絵で あらわしています。

漢字 金田一先生のつぶやき
「王子さま」はおんよみの「シ」が「ジ」にへんかして「おうじさま」と読むんだよ。「おうしさま」では言いにくいからね。

かんじの なりたち 
子 → 子 → 子 小さい 子どもの すがたから。

金田一先生の まめちしき
知って おいたら やくに たつことや、かんじに ついての まめちしきを、ことばの 学しゃである 金田一秀穂先生が 教えてくれます。

かんじの なりたち
かんじが どのように できたかを しめしています。（はっきり わかっている もののみ のせています。）

＊ 文部科学省の 「筆順指導の手びき」による。

人・かぞく・体

人間の　すむ　星に　やってきた
うちゅう人、　どんな人？

人

- オンヨミ　ジン　ニン
- くんよみ　ひと
- 2画
- 1年生

かんじの なりたち　𠂉 → 几 → 人　立っている　人を　よこから　見た　ようすから。

力_{リキ}しの 大_{おお}きな 力_{ちから}こぶ

人・かぞく・体

力

- オンヨミ　リョク　リキ
- くんよみ　ちから
- 2画_{かく}
- 1年生_{ねんせい}

かんじの なりたち　うでに 力_{ちから}を 入_いれて うでの きん肉_{にく}が すじばっている ようすから。

人・かぞく・体

元気に ないている 子は
王子さま

子

- オンヨミ シ ス
- くんよみ こ
- 3画
- 1年生

漢字 金田一先生のまめちしき
「王子さま」はおんよみの「シ」が「ジ」にへんかして「おうじさま」と読むんだよ。「おうしさま」では言いにくいからね。

かんじのなりたち → 𠂇 → 子　小さい 子どもの すがたから。

王（おう）さまは 天（てん）を 見上（みあ）げて に王立（おうだ）ち※

※どっしりと 立（た）っていること。

人・かぞく・体

1→
2↓
3→
4→

王

オンヨミ **オウ**

くんよみ ―

4 画（かく）

1年生（ねんせい）

かんじの なりたち

→ 丟 → 王

天（てん）と 地（ち）の 間（あいだ）に 立（た）つ 手足（てあし）を 広（ひろ）げた 人（ひと）を あらわす 形（かたち）から。

人・かぞく・体

足音　ひびく　楽しい　遠足

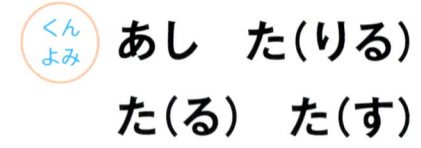

足

オンヨミ　ソク
くんよみ　あし　た(りる)　た(る)　た(す)

7 画

1年生

かんじのなりたち　(ひざから 足の 先までを あらわした 形) → 足 → 足

体_{からだ}を のばして 体_{たい}そう しよう

人・かぞく・体

体

オンヨミ **タイ テイ**

くんヨミ **からだ**

7 画_{かく}

2年生_{ねんせい}

漢字 金田一先生のまめちしき
「休_{きゅう}」というかんじとよくにているけれど、「休_{きゅう}」は木_きのそばで人_{ひと}が休_{やす}んでいるようすからできた字_じ。「体_{たい}」は元_{もと}は「體」というむずかしいかんじだったのが、かんたんに書_かけるように、今_{いま}の字_じになったんだよ。

人・かぞく・体

ねこの 兄弟 4番目の 弟が
やってきて ニャーと 鳴く

弟

オンヨミ ダイ テイ デ
くんよみ おとうと
7画
2年生

「おとうと」は、年下の兄弟をさすことばで、むかしは、年下の女の兄弟も「おとうと」とよんでいたんだって。

1<ruby>頭<rt>とう</rt></ruby>の 牛が <ruby>頭<rt>あたま</rt></ruby>を <ruby>上<rt>あ</rt></ruby>げて あいさつした

人・かぞく・体

頭

- オンヨミ　トウ　ズ　ト
- くんよみ　あたま　かしら
- 16 画
- 2年生

かんじのなりたち　頁（あたま）＋ 豆（あしの ついた 入れもの）➡ 頭

うごき

入道雲が　大きく　なったので
あわてて　家に　入ったよ

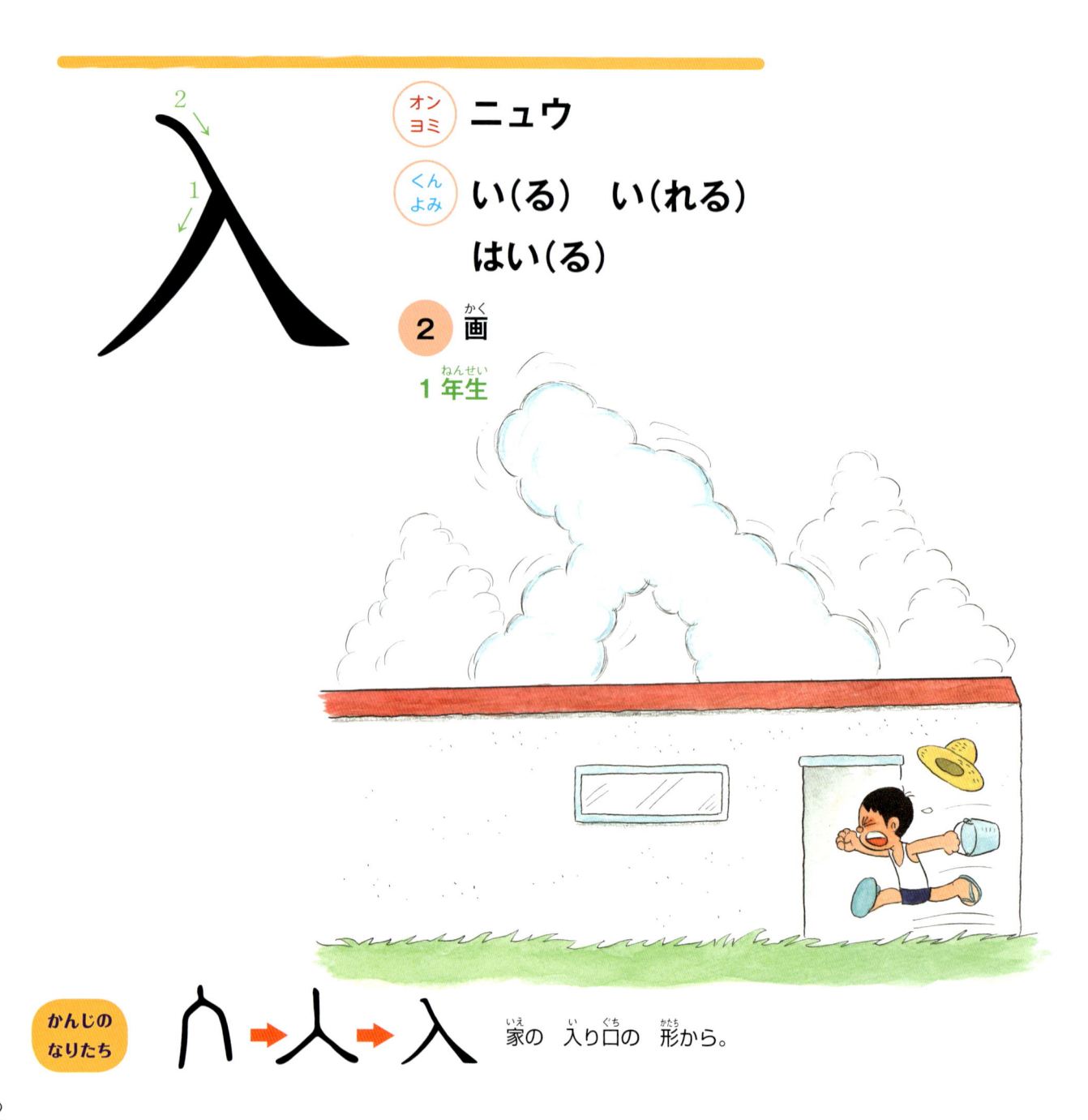

入

- オンヨミ　ニュウ
- くんよみ　い（る）　い（れる）　はい（る）
- 2画
- 1年生

かんじのなりたち　𠆢 → 人 → 入　家の　入り口の　形から。

強引に 大きな 石を 引っぱる 力もち

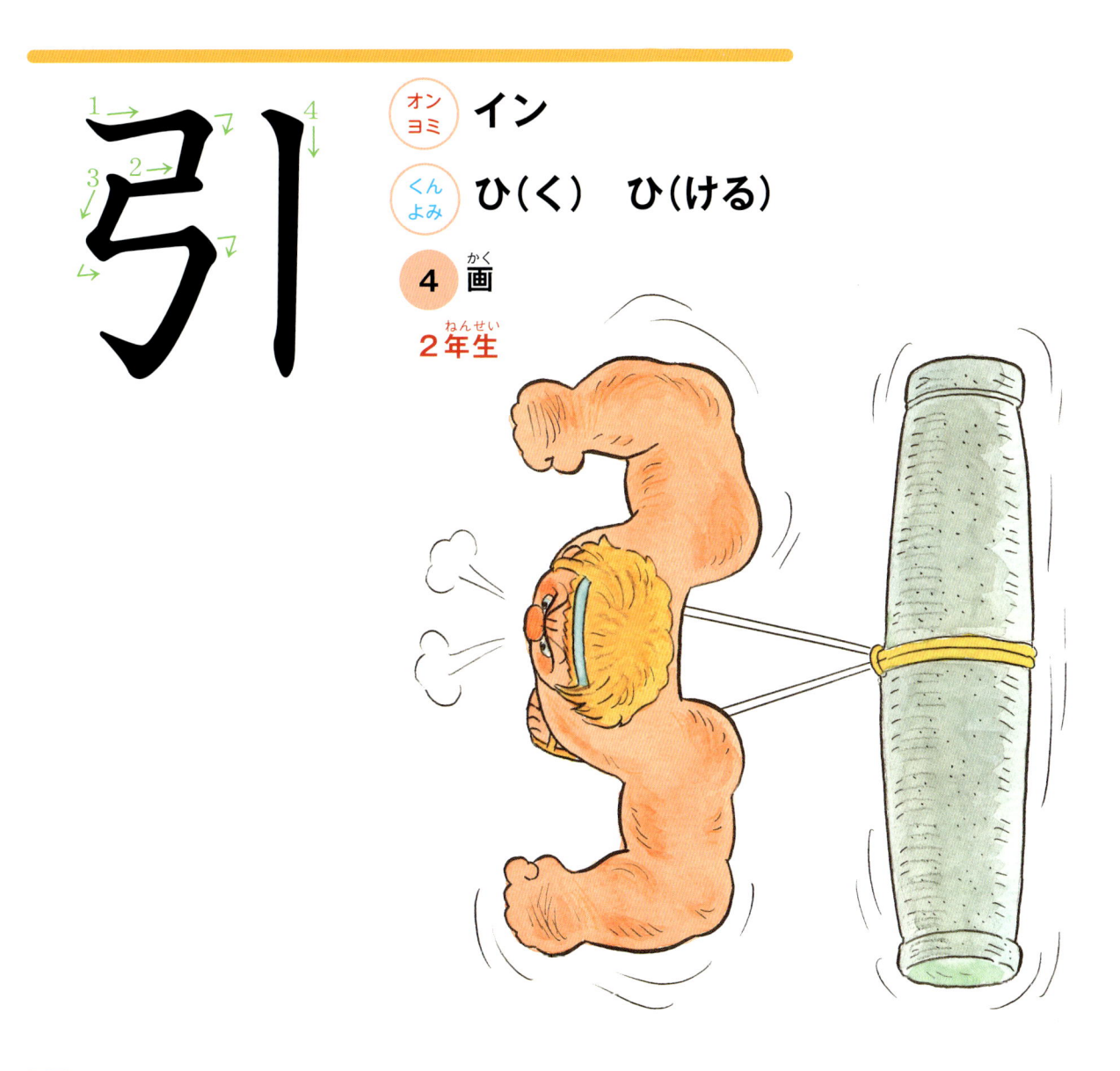

引

オンヨミ　イン
くんよみ　ひ（く）　ひ（ける）
4画
2年生

うごき

かんじの なりたち　弓を まっすぐ 引く ようすから。

うごき

ゆっくりと 立ち上がった立体ロボット

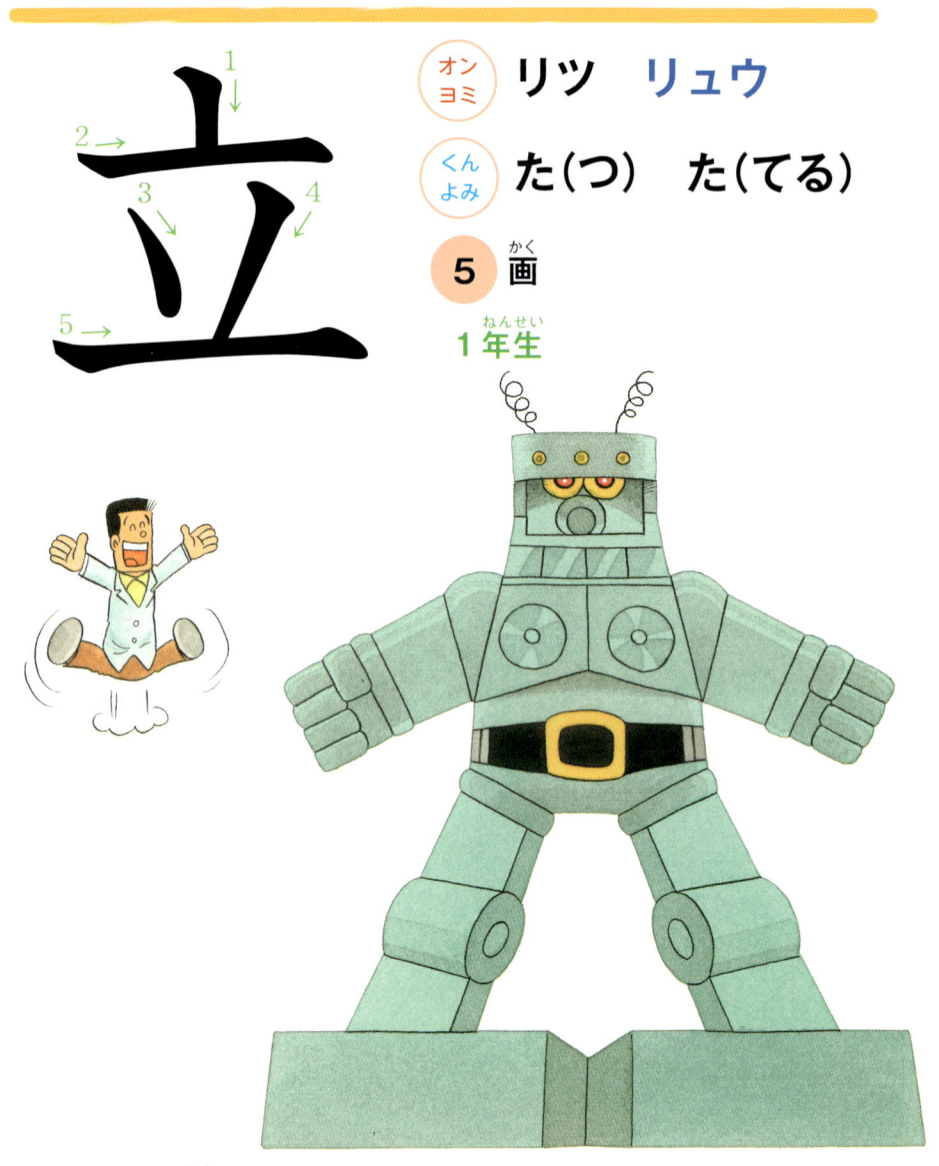

立

- オンヨミ： リツ　リュウ
- くんよみ： た(つ)　た(てる)
- 5画
- 1年生

かんじのなりたち： → 立 → 立　人が 地めんに 立って いる すがた。

くるくる 回(まわ)る 回(かい)てんごま

うごき

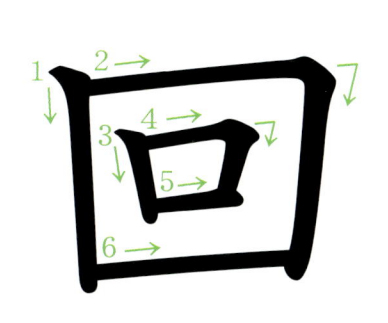

オンヨミ **カイ エ**

くんよみ **まわ(る) まわ(す)**

6 画(かく)

2 年生(ねんせい)

かんじの なりたち: ものが ぐるぐる 回っている ようすから。

うごき

新せんな 魚を 売っている おじさんは しょう売上手

売

- オンヨミ: バイ
- くんよみ: う(る) う(れる)
- 7画
- 2年生

「売」は、元は「賣」というむずかしいかんじだったんだ。「賣」は、「買（かう）」というかんじに、「出す」といういみの「士」がついて、「売る」といういみになったんだよ。

走(はし)って おいつき おいぬいた ときょう走(そう)

うごき

走

- オンヨミ ソウ
- くんよみ はし(る)
- 7画
- 2年生

かんじの なりたち 走 → 走 → 走　人が 走る ようすから。

うごき

思い出を 日記に 記した
夏休み

オンヨミ　キ
くんよみ　しる(す)
10画
2年生

かんじは書きじゅんがきまっているよ。じゅん番どおりに書くと、ととのった字を書くことができるんだ。己を一画で書こうとすると、どうしても角が丸い字になってしまうよ。

ワン　ツー　スリーと　数字を
数えた　ねっけつ　しんぱん

うごき

数

- オンヨミ　スウ　ス
- くんよみ　かず　かぞ（える）
- 13 画
- 2年生

「数」と「教（→P31）」は右半分（「つくり」というよ）が同じだね。かんじには、左半分（「へん」というよ）が同じグループや、右半分が同じグループなどがあるよ。

うごき

お話しずきな なまずが 活やくする どう話

話

- オンヨミ　ワ
- くんよみ　はな（す）　はなし
- 13画
- 2年生

「話」の左半分の「言」はことばにかんけいがあるかんじだということを
あらわしているよ。「記（→P18）」「語（→P22）」「読（→P23）」もそうだね。

ノリノリの　カネの　リズムに
合(あ)わせ　歌(うた)う歌手(かしゅ)

うごき

歌

- オンヨミ　カ
- くんよみ　うた　うた(う)
- 14画(かく)
- 2年生(ねんせい)

かんじのなりたち

哥(のどから声(こえ)を出(だ)す) ＋ 欠(体(からだ)をかがめる) ➡ 哥欠 ➡ 歌

21

うごき

おもしろく　らく語を　語る
おじいさん

語

- オンヨミ　ゴ
- くんよみ　かた（る）　かた（らう）
- 14画
- 2年生

「語」は、「言」「五」「口」の3つのかんじを組み合わせてできたものだよ。このように、かんじは、組み合わせてできているものがあるよ。

本を 読んで 読書かんそう文を
書いた

うごき

読

オンヨミ　ドク　トク　トウ
くんよみ　よ(む)
14画
2年生

中国から日本にかんじがつたわってきたさいしょのころは、かんじだけをつかって文を書いていたよ。その後、かんじを元にして、ひらがなとカタカナが作られたよ。

ようす

古い 時だいの はにわを しらべる
考**古**学しゃ

オンヨミ コ

くんよみ ふる(い) ふる(す)

5画

2年生

古

かんじのなりたち 古 → 古 かざりを つけた そ先の 頭の ほねを あらわす 形から。

強じんな 肉体の
強い チャンピオン

ようす

強

- オンヨミ: **キョウ　ゴウ**
- くんよみ: **つよ（い）　つよ（まる）　つよ（める）　し（いる）**
- 11画
- 2年生

かんじのなりたち　弓と　丸い　虫を　組み合わせた　形から。

ようす

晴(せい)天に まどを あけて
晴(は)れやかな 気(き)分(ぶん)

晴

- オンヨミ： セイ
- くんよみ： は(れる) は(らす)
- 12 画(かく)
- 2 年生(ねんせい)

かんじのなりたち　日（太(たい)よう） ＋ 青（すみきっている） ➡ 晴

すみきった 太(たい)ようを あらわす。

新年 おめでとう **新**たな
ねがいを　むねに　はつもうで

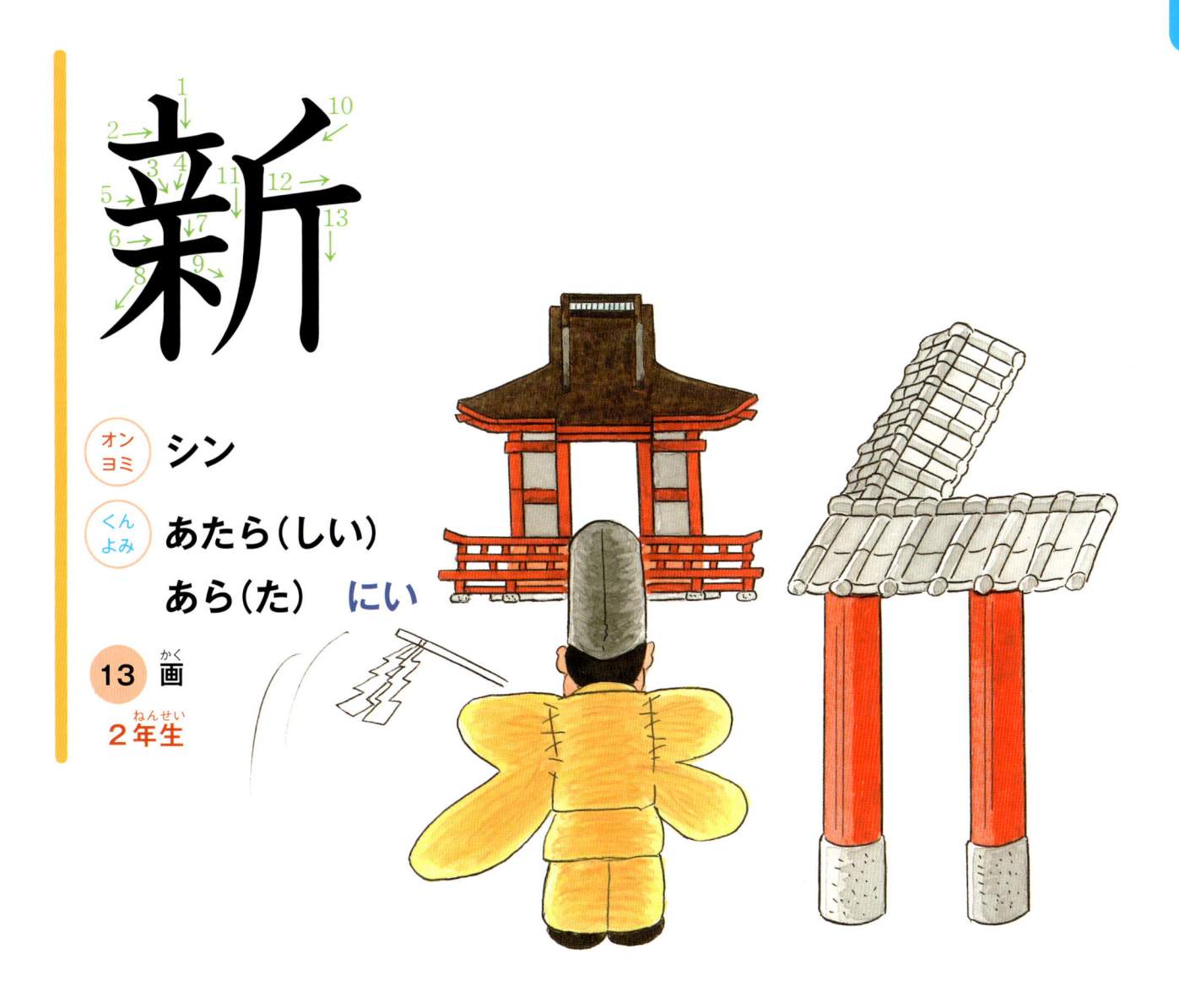

ようす

新

- オンヨミ　シン
- くんよみ　あたら（しい）
  あら（た）　にい
- 13画
- 2年生

かんじの なりたち　立（するどい はもの）＋ 木 ＋ 斤（おの）➡ 新

するどい はもの（おの）で 切った 切りたての 木を あらわすことから。

27

ようす

海の 中の 楽園で 楽しく
おどろう

楽

オンヨミ　ガク　ラク
くんよみ　たの（しい）
　　　　　たの（しむ）

13 画

2年生

かんじのなりたち　樂 ➡ 樂 ➡ 楽　木の ぼうの 先に 糸を かけた 楽きの 形から。

かんじひょう

1・2年生でならう 人・うごき・ようすに かんする

- 🔴 オンヨミ
- 🔵 くんよみ
- 画数　ならう学年

本文に 出ていない かんじを しょうかいします。

人・かぞく・体に かんするかんじ

口
- オンヨミ：コウ　ク
- くんよみ：くち
- 3画　1年生

口内えんが できて 口が いたい

女
- オンヨミ：ジョ　ニョ　ニョウ
- くんよみ：おんな　め
- 3画　1年生

女王さまに ていねいに あいさつを した 女の子

手
- オンヨミ：シュ
- くんよみ：て　た
- 4画　1年生

手と 手を 合わせて あく手を すると すぐに なかよし

心
- オンヨミ：シン
- くんよみ：こころ
- 4画　2年生

心 ワクワク 心ぞう ドキドキ うんどう会

毛
- オンヨミ：モウ
- くんよみ：け
- 4画　2年生

ひつじの 毛で 作った 毛ふ

父
- オンヨミ：フ
- くんよみ：ちち
- 4画　2年生

しごとを ぬけて 父母さんかんに いそぐ 父

目
- オンヨミ：モク　ボク
- くんよみ：め　ま
- 5画　1年生

目てき地に 一番のりは 一つ目小ぞう

兄
- オンヨミ：キョウ　ケイ
- くんよみ：あに
- 5画　2年生

兄の 学校の 父兄会に さんかした お父さん

母
- オンヨミ：ボ
- くんよみ：はは
- 5画　2年生

おしゃれな そ母は 母と なかよし

耳
- オンヨミ：ジ
- くんよみ：みみ
- 6画　1年生

うさぎの ように 長い 耳の 耳び科の おいしゃさん

男
- オンヨミ：ダン　ナン
- くんよみ：おとこ
- 7画　1年生

長男は 一番 はじめに 生まれた 男の子

声
- オンヨミ：セイ　ショウ
- くんよみ：こえ　こわ
- 7画　2年生

大きな 声で 声えんを おくろう

姉
- オンヨミ：シ
- くんよみ：あね
- 8画　2年生

姉と 妹 そっくりな ふた子の 姉妹

妹
- オンヨミ：マイ
- くんよみ：いもうと
- 8画　2年生

おしゃれな 姉妹 妹が お出かけ

首
- オンヨミ：シュ
- くんよみ：くび
- 9画　2年生

首とに ある どうぶつ園で 見た 首の 長い キリン

親
- オンヨミ：シン
- くんよみ：おや　した(しい)　した(しむ)
- 16画　2年生

父と 子が そっくりな 親せきの 親子

顔
- オンヨミ：ガン
- くんよみ：かお
- 18画　2年生

おもしろい 顔を して 顔めん体そう

29

うごきに かんするかんじ	**切** オンヨミ セツ サイ／くんよみ き(る) き(れる)／4画 2年生／にわの 花を 切って 大切に かざろう	**分** オンヨミ ブン フン ブ／くんよみ わ(ける) わ(かれる) わ(かる) わ(かつ)／4画 2年生／ケーキを 5とう分に 分けよう
止 オンヨミ シ／くんよみ と(まる) と(める)／4画 2年生／電車が 止まって 遠足が 中止に なった	**出** オンヨミ シュツ スイ／くんよみ で(る) だ(す)／5画 1年生／船が 出る。広い せかいへ 出ぱつだ	**休** オンヨミ キュウ／くんよみ やす(む) やす(まる) やす(める)／6画 1年生／木の 下で 休んだ 休日
交 オンヨミ コウ／くんよみ まじ(わる) まじ(える) ま(じる) ま(ざる) ま(る) か(う) か(わす)／6画 2年生／道と 道が 交わった 交さ点	**会** オンヨミ カイ エ／くんよみ あ(う)／6画 2年生／音楽会で 親友に 会った	**合** オンヨミ ゴウ ガッ カッ／くんよみ あ(う) あ(わす) あ(わせる)／6画 2年生／音を 合わせて 歌いはじめる 合しょうだん
当 オンヨミ トウ／くんよみ あ(たる) あ(てる)／6画 2年生／くじに 当たって きゅう食当番に なった	**考** オンヨミ コウ／くんよみ かんが(える)／6画 2年生／古い 時だいの ことを 考える 考古学しゃ	**行** オンヨミ コウ ギョウ アン／くんよみ い(く) ゆ(く) おこな(う)／6画 2年生／ぎん行に 行って 行れつに ならんだ
見 オンヨミ ケン／くんよみ み(る) み(える) み(せる)／7画 1年生／社会科見学で きょうりゅうの ほねを 見た	**作** オンヨミ サク サ／くんよみ つく(る)／7画 2年生／工作の 時間に 作った 紙ひ行き	**来** オンヨミ ライ／くんよみ く(る) きた(る) きた(す)／7画 2年生／み来から やって来た 少年
言 オンヨミ ゲン ゴン／くんよみ い(う) こと／7画 2年生／言べんの かんじを 声に 出して 言おう	**歩** オンヨミ ホ ブ フ／くんよみ ある(く) あゆ(む)／8画 2年生／牛の ように 一歩一歩 歩いて 行こう	**知** オンヨミ チ／くんよみ し(る)／8画 2年生／科学かんで み知の せかいに ついて 知ろう
思 オンヨミ シ／くんよみ おも(う)／9画 2年生／強い 思いを もった 思そう家	**計** オンヨミ ケイ／くんよみ はか(る) はか(らう)／9画 2年生／50メートル走の タイムを 計って 計算を した	**食** オンヨミ ショク ジキ／くんよみ く(う) た(べる) く(らう)／9画 2年生／きゅう食を みんなで 食べた

帰 オンヨミ キ / くんよみ かえ(る) かえ(す) / 10画 2年生 / 兄が 帰国するので 早く 帰ろう	通 オンヨミ ツウ ツ / くんよみ とお(る) とお(す) かよ(う) / 10画 2年生 / 通学ろを 通って 帰ろう	書 オンヨミ ショ / くんよみ か(く) / 10画 2年生 / 心 しずかに 書を 書いた
教 オンヨミ キョウ / くんよみ おし(える) おそ(わる) / 11画 2年生 / スケート教室で すべり方を 教わった	組 オンヨミ ソ / くんよみ く(む) くみ / 11画 2年生 / 組しきを 組み立て直そう	答 オンヨミ トウ / くんよみ こた(える) こた(え) / 12画 2年生 / 答あん用紙に 答えを 書いて ください
買 オンヨミ バイ / くんよみ か(う) / 12画 2年生 / 売買する 人から 米を 買った	聞 オンヨミ ブン モン / くんよみ き(く) き(こえる) / 14画 2年生 / 新聞を 読んで ラジオを 聞いた	鳴 オンヨミ メイ / くんよみ な(く) な(る) な(らす) / 14画 2年生 / ジャングルに きょう鳴する あやしい 鳥の 鳴き声
ようすに かんするかんじ	元 オンヨミ ゲン ガン / くんよみ もと / 4画 2年生 / 元気に なった 元の 校長先生	少 オンヨミ ショウ / くんよみ すく(ない) すこ(し) / 4画 2年生 / メンバーが 少ない 少年野きゅうチーム
正 オンヨミ セイ ショウ / くんよみ ただ(しい) ただ(す) まさ / 5画 1年生 / 正かくに 地図を 見て 正しい 道を 行こう	早 オンヨミ ソウ サッ / くんよみ はや(い) はや(まる) はや(める) / 6画 1年生 / 早くねて 早朝に 目が さめた	同 オンヨミ ドウ / くんよみ おな(じ) / 6画 2年生 / 同じ 色の シャツを きていた 同きゅう生
多 オンヨミ タ / くんよみ おお(い) / 6画 2年生 / 多数けつを とって 多い方に きまった	明 オンヨミ メイ ミョウ / くんよみ あ(かり) あか(るい) あか(るむ) あか(らむ) あき(らか) あ(ける) あ(く) あ(くる) あ(かす) / 8画 2年生 / 明るく かがやく 明けの 明星	活 オンヨミ カツ / くんよみ ― / 9画 2年生 / 活ぱつに 学校生活を おくる 子どもたち
弱 オンヨミ ジャク / くんよみ よわ(い) よわ(る) よわ(まる) よわ(める) / 10画 2年生 / 弱点は 弱さを こえる チャンス		

■ 監修／金田一秀穂（きんだいち　ひでほ）

1953年、東京生まれ。上智大学心理学科卒業。東京外国語大学大学院日本語学専攻修了。ハーバード大学客員研究員を経て、現在は杏林大学外国語学部教授。日本語学の権威である祖父・金田一京助氏、父・春彦氏に続く、日本語研究の第一人者。監修は『新レインボー小学国語辞典』（学習研究社）、著書『人間には使えない蟹語辞典』（ポプラ社）など多数。

■ イラスト／山内ジョージ（やまうち　じょーじ）

1940年、中国・大連生まれ。トキワ荘に出入りして漫画修行をし、独立。動物絵文字という独特の世界に挑んで創作を展開し、絵本、広告、デザインなど活動は幅広い。フジテレビ「ひらけ！ポンキッキ」の動物文字アニメを制作。代表作に『絵カナ？字カナ？』（偕成社）、『動物　どうぶつ ABC』（ほるぷ出版）などがある。東南アジア文化支援プロジェクト事務局長。

■ 文／高梁まい（たかはし　まい）

『手で見る学習絵本　テルミ』（日本児童教育振興財団発行）の編集にたずさわり、主に視覚に障害をもつ子どもを対象とした絵本の企画・編集・製作をしている。主な出版物は、てんじ手作り絵本『かいてみよう　かんじ１～７』（社会福祉法人桜雲会）、てんじ手作り絵本『つくっちゃ王』（社会福祉法人桜雲会）など。

■ 編さん／こどもくらぶ

「こどもくらぶ」は、あそび・教育・福祉の分野で、こどもに関する書籍を企画・編集しているエヌ・アンド・エス企画編集室の愛称。図書館用書籍として、毎年150～200冊を企画・編集・DTP製作している。これまでの作品は1000タイトルを超す。
http://www.imajinsha.co.jp/

■ 企画・制作・デザイン

株式会社エヌ・アンド・エス企画
Unison(デザイン)

目と耳でおぼえる　かんじ絵ずかん　1・2年生　人・うごき・ようすに　かんするかんじ

初　版	第１刷　2015年10月28日
監　修	金田一秀穂
発　行	株式会社 六耀社
	〒136-0082 東京都江東区新木場2-2-1
	電話　03-5569-5491　FAX　03-5569-5824
発行人	圖師尚幸
印刷所	シナノ書籍印刷株式会社

NDC810　246×215mm　32P　ISBN978-4-89737-807-7　Printed in Japan

落丁・乱丁本は、購入書店名を明記の上、小社営業部宛にお送りください。送料小社負担にて、お取り替えいたします。